Petit monde vivant

Les plantes

Bobbie Kalman

Traduction : Paul Rivard

Les plantes est la traduction de *What is a plant?* de Bobbie Kalman (ISBN 0-86505-959-4).
© 2000, Crabtree Publishing Company, 612 Welland Ave., St. Catharines, Ontario, Canada L2M 5V6

Données de catalogage avant publication (Canada)

Kalman, Bobbie, 1947-

Les plantes

(Petit monde vivant)
Traduction de : What is a plant?.
Comprend un index.
Pour enfants de 6 à 10 ans.

ISBN 2-920660-96-9

1. Plantes - Ouvrages pour la jeunesse. 2. Botanique - Ouvrages pour la jeunesse.
I. Titre. II. Collection : Kalman, Bobbie, 1947- . Petit monde vivant.

QK49.K3414 2003   j580   C2003-940148-0

Nous reconnaissons l'aide financière du gouvernement
du Canada par l'entremise du Programme d'aide au
développement de l'industrie de l'édition (PADIÉ)
pour nos activités d'édition.

Conseil des Arts   Canada Council
du Canada   for the Arts

Éditions Banjo remercie
le Conseil des Arts du Canada du soutien
accordé à son programme d'édition dans
le cadre du programme des subventions
globales aux éditeurs.

Cet ouvrage a été publié
avec le soutien de la SODEC.

Gouvernement du Québec – Programme de crédit
d'impôt pour l'édition de livres – Gestion SODEC.

Dépôt légal – Bibliothèque nationale du Québec, 2003
Bibliothèque nationale du Canada, 2003
ISBN 2-920660-**96**-9

Les plantes
© Éditions Banjo, 2003
233, av. Dunbar, bureau 300
Mont-Royal (Québec)
Canada H3P 2H4
Téléphone : (514) 738-9818 / 1-888-738-9818
Télécopieur : (514) 738-5838 / 1-888-273-5247

Imprimé au Canada

www.editionsbanjo.ca

Sur le site Internet :

**Fiches d'activités
pédagogiques**
en lien avec tous les albums
des collections Petit monde vivant
et Le Raton Laveur

Catalogue complet

Table des matières

Les êtres vivants
ont besoin des plantes

La plupart des êtres vivants de la terre dépendent des plantes. Elles fournissent, aux gens comme aux animaux, de quoi se nourrir et s'abriter. Elles produisent aussi une grande partie de l'oxygène présent dans l'air. L'oxygène est un gaz dont les êtres humains et les animaux ont besoin pour respirer.

Les plantes poussent partout où il y a suffisamment de soleil et d'eau. La lumière du soleil et l'eau leur permettent de produire de la nourriture dans leurs feuilles ou dans leur tige. Les plantes produisent leur propre nourriture, mais elles sont elles-mêmes une source alimentaire pour d'autres êtres vivants.

De nombreux animaux font le plein d'énergie en mangeant les plantes de ce terrain herbeux. L'énergie tirée des plantes est ensuite transmise aux animaux qui se nourrissent de ces animaux ayant mangé les plantes.

Des abris pour les animaux

Le monde des plantes offre un abri à des animaux de toutes formes et de toutes tailles. Les écureuils et les singes font des arbres leur demeure. Les oiseaux se servent de matériaux d'origine végétale, comme les brindilles, l'herbe et les feuilles, pour construire leurs nids.

Des purificateurs d'air

Lorsque les plantes produisent leur nourriture, elles absorbent le gaz carbonique, un gaz présent dans l'air qui est toxique pour les êtres humains et les animaux. Et elles produisent de l'oxygène qui purifie l'air que nous respirons.

Les climatiseurs de la planète

Le gaz carbonique retient la chaleur du soleil, ce qui a pour effet de faire grimper la température de la terre au-delà de la normale. C'est ce réchauffement que l'on appelle l'**effet de serre**.

Sans les plantes, la terre deviendrait de plus en plus chaude. En absorbant le gaz carbonique de l'air, les plantes contribuent à la stabilité de la température de la planète. Les plantes rejettent également de l'eau dans l'air, faisant ainsi baisser la température.

Les renards installent souvent leur terrier sous des troncs d'arbres tombés à terre. Les petits du renard roux quittent la tanière au printemps.

Dans les régions où les arbres sont abondants, comme dans les forêts tropicales, l'air est frais et humide.

Qu'est-ce qu'une plante ?

Les plantes sont des êtres vivants qui existent sous des milliers de tailles et de formes. Certaines sont si petites qu'elles tiennent sur le bout d'un doigt, tandis que d'autres sont les êtres vivants les plus grands et les plus lourds qu'on puisse trouver sur terre. Malgré leurs différences, toutes les plantes ont trois points en commun :

1. Elles sont constituées de plus d'une cellule;
2. Elles produisent leur propre nourriture;
3. Elles sont vertes.

Le royaume vert

Toutes les plantes appartiennent au règne végétal. Un règne est un groupe d'êtres vivants qui partagent des caractéristiques communes. Il existe plus de 300 000 espèces de plantes différentes. Observe bien les exemples de plantes sur ces deux pages.

Les plantes à graines

De nombreuses plantes se développent à partir de **graines**. Pour produire des graines, une plante a besoin du pollen d'une autre plante. (Voir la page 18.)

Les plantes à fleurs constituent le groupe de plantes le plus important avec plus de 250 000 espèces connues.

On trouve les plantes aquatiques dans les étangs, les cours d'eau, les lacs, les mers et les océans. Leurs racines, leurs tiges et leurs feuilles sont adaptées à une vie aquatique ou semi-aquatique. Elles fournissent la nourriture et l'abri aux animaux des terres humides et aux poissons.

Certaines plantes se nourrissent de chair ! La sarracénie (ci-contre) est une plante carnivore. Elle prend au piège et mange des insectes et des araignées.

Arbre vert à feuilles persistantes

Arbre à feuilles caduques

Les spores

Les fougères et les mousses ne se développent pas à partir de graines mais de simples cellules, appelées **spores**, qu'elles produisent sans l'aide d'autres plantes. (Voir la page 22.)

Les arbres sont les plus grandes plantes du monde.
Ils ont des troncs durs et ligneux, et de grandes racines, généralement souterraines. Un arbre à feuilles caduques a des feuilles plates, qu'il perd avant l'hiver. Les arbres verts à feuilles persistantes conservent leurs feuilles toute l'année. Cet arbre vert à feuilles persistantes a des feuilles petites et minces, appelées aiguilles.

Les mousses sont de petites plantes qui n'ont ni vraies racines ni vraies tiges. Elles poussent dans les endroits chauds et humides.

Le maïs est une plante à fleurs qui produit un fruit comestible.

Les cactus sont des plantes qui poussent dans les déserts torrides, où il n'y a que très peu d'eau. Ils emmagasinent l'eau dans leurs tiges cireuses.

Les fougères poussent dans les endroits humides et ombragés. Certaines fougères sont minuscules; d'autres sont aussi grandes que des arbres.

Ceci n'est pas une plante

De nombreux êtres vivants ressemblent à des plantes ou se comportent comme elles sans appartenir pour autant au règne végétale. Selon la plupart des scientifiques, les coraux, les lichens, les **champignons** et les **algues** ne sont pas des plantes. Les coraux et les gorgones appartiennent au règne animal.

Les champignons constituent un ensemble en soi. Et les algues sont classées parmi les *protistes*, c'est-à-dire les êtres vivants unicellulaires. Lorsqu'une algue se développe sur un champignon, elle forme avec lui un lichen.

Les champignons ont beau avoir l'air de plantes, ils sont incapables, contrairement aux plantes, de produire leur propre nourriture.

Des algues vertes et visqueuses poussent sur ce morceau de bois. Les algues ne sont pas des plantes, mais elles peuvent produire leur propre nourriture. Elles contribuent à maintenir en vie des millions d'animaux des océans.

gorgone

Le lichen est formé d'une algue et d'un champignon qui sont en relation symbiotique. Chacun dépend de l'autre pour sa survie. Le champignon absorbe l'eau et les éléments nutritifs. L'algue les utilise pour produire de la nourriture pour elle-même et pour le champignon.

corail

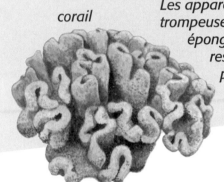

Les apparences sont parfois trompeuses ! Les coraux, les éponges et les gorgones ressemblent à des plantes mais sont, en fait, des animaux.

Les algues

La plupart des spécialistes ne considèrent pas les algues comme des plantes. Elles ressemblent cependant aux premières plantes qui sont apparues sur terre. Tout comme les plantes primitives, les algues n'ont ni vraies racines, ni vraies tiges, ni vraies feuilles. Elles n'en présentent pas moins des formes variées : certaines sont minuscules, d'autres ont plus de 60 mètres de long. On les utilise dans l'alimentation ou comme engrais.

Des racines, des tiges et des feuilles

Les plantes présentent des formes très variées, mais la plupart ont des **racines**, des feuilles et une **tige**, chacune de ces parties jouant un rôle dans la survie de la plante. Regarde ces images pour voir comment ces parties travaillent ensemble.

bourgeon

pédicelle (pédoncule de la fleur)

pétiole (queue de la feuille)

limbe

Les feuilles absorbent la lumière du soleil et fabriquent la nourriture. Elles sont petites, grandes, plates ou en forme d'aiguilles. Les grandes feuilles absorbent plus de lumière. Les petites feuilles conservent l'humidité. Les feuilles s'adaptent pour que la plante survive dans son environnement.

La tige maintient la plante en position verticale.

Les racines fixent la plante dans le sol et absorbent l'eau et les nutriments avec lesquels la plante fabrique sa nourriture. Une coiffe, c'est-à-dire un embout dur, protège le bourgeon de la racine tandis qu'elle pousse dans le sol.

Le système vasculaire

Le système vasculaire est un réseau de vaisseaux qui relie entre elles toutes les parties d'une plante. Un ensemble de vaisseaux, appelé le *xylème*, conduit l'eau et les éléments nutritifs des racines vers la tige, les feuilles et les fleurs. Un autre ensemble, le liber ou phloème, transporte la nourriture des feuilles jusqu'aux autres parties de la plante. Le tissu de réserve au cœur de la plante s'appelle la *moelle*. Les cellules de la moelle stockent la nourriture en trop.

moelle

xylème

phloème

À la racine

Il existe trois sortes de racines : les racines pivotantes, les racines fasciculées et les racines adventives.

Les racines adventives se développent à partir de la tige. Elles permettent à des plantes comme le lierre de grimper le long des murs.

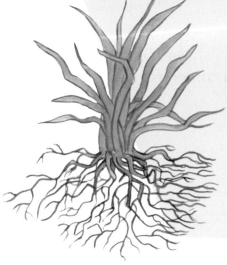

Les racines fasciculées sont de fines racines qui poussent dans toutes les directions sous la surface du sol. De nombreuses plantes du désert ont des racines fasciculées qui leur permettent d'absorber au matin le plus de rosée possible.

Une racine pivotante est formée d'une racine principale d'où partent de nombreuses petites racines ou radicelles. La racine pivotante devient de plus en plus grosse et épaisse à mesure qu'elle pousse.

L'épiderme, ou la peau, de la plupart des feuilles est couvert d'une substance cireuse appelée cuticule *qui protège la feuille et la garde humide.*

◄ *Ce pédoncule a deux feuilles ayant chacune trois folioles.*

Les feuilles composées se divisent ► *en plusieurs folioles. Cette plante a trois feuilles composées.*

Les feuilles

On peut identifier une plante par la structure de ses feuilles. Une feuille peut avoir un seul ou plusieurs limbes ou folioles.

Rester en vie

On trouve des plantes partout : dans les déserts, dans l'eau, en haut des montagnes et dans les régions glacées de l'Arctique. Pour survivre dans des conditions difficiles, les plantes se sont adaptées, c'est-à-dire qu'elles se sont lentement transformées pour s'harmoniser avec leur environnement.

Les plantes aquatiques

Les plantes aquatiques disposent, dans leur tige et dans leurs feuilles, de poches d'air qui leur permettent de flotter. Beaucoup d'entre elles absorbent par leurs feuilles les substances nutritives présentes dans l'eau. Certaines ont de très longues racines.

Les plantes du désert

Les plantes du désert ne gaspillent pas une goutte d'eau. Certaines ont d'énormes racines fasciculées qui absorbent la rosée ou la pluie. D'autres ont de longues racines capables d'atteindre l'eau à de grandes profondeurs. Pour conserver leur humidité, les plantes du désert sont recouvertes d'une pellicule cireuse. Elles emmagasinent l'eau dans leur tige épaisse. Les cactus, eux, ne peuvent pas perdre leur humidité : ils n'ont pas de feuilles. En outre, leurs épines pointues empêchent les animaux de les manger.

Les plantes tropicales

La végétation luxuriante d'une forêt tropicale ne laisse pas pénétrer beaucoup de lumière près du sol. De nombreuses plantes ont de larges feuilles pour pouvoir capter le plus de lumière possible. Certaines plantes, comme les lianes, grimpent le long des arbres pour atteindre la lumière du soleil.

◄ La tige du pavot d'Islande est couverte de poils minuscules qui l'aident à conserver chaleur et humidité.

Les mousses poussent sur les roches qui les protègent du vent. ▼

Survivre au froid

Les plantes de l'Arctique ou de montagne subissent des vents forts, des températures glaciales et reçoivent peu de pluie. Elles poussent au ras du sol pour se protéger du vent. Elles ont de petites feuilles qui perdent peu d'eau. Beaucoup d'entre elles sont recouvertes de poils fins dont elles se servent comme d'une couverture pour conserver leur chaleur.

Se défendre

Les plantes sont des cibles faciles pour les animaux affamés, aussi ont-elles développé de nombreux moyens de défense. Certaines ont du poison dans leurs feuilles, leurs fruits ou leurs graines. D'autres ont du poison dans leurs poils sensitifs et creux. Lorsqu'un animal se frotte contre une telle plante, les poils lui égratignent la peau et le poison provoque de douloureuses démangeaisons. D'autres plantes se déguisent pour échapper à leurs ennemis. Les plantes-cailloux, ou lithops (à gauche), se dissimulent en présentant l'aspect de petits cailloux. On appelle *mimétisme* ce type de déguisement.

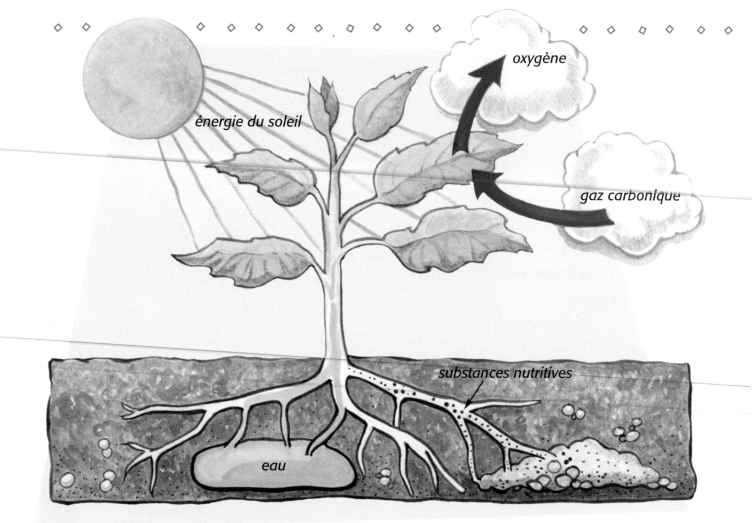

- énergie du soleil
- oxygène
- gaz carbonique
- substances nutritives
- eau

Produire sa nourriture

Les plantes utilisent l'énergie du soleil pour fabriquer leur nourriture. Ce processus est appelé **photosynthèse**. La photosynthèse ne se produit que lorsqu'il y a du soleil. Les feuilles d'une plante contiennent une substance verte appelée **chlorophylle** qui absorbe l'énergie du soleil. La plante utilise l'énergie du soleil pour transformer le gaz carbonique et l'eau en nourriture.

La nourriture fabriquée par la plante est du glucose, une sorte de sucre. Le glucose est transporté dans toute la plante grâce à un liquide qu'on appelle la *sève*.

La plante absorbe la lumière du soleil, le gaz carbonique, l'eau et les substances nutritives pour fabriquer sa nourriture. Au cours de ce processus, elle libère de l'oxygène dans l'air.

Se tourner vers la lumière

Les plantes ne peuvent se déplacer comme les animaux, mais elles peuvent bouger leur tige, leurs racines et leurs feuilles pour capter la lumière solaire et l'eau dont elles ont besoin pour la photosynthèse. Les plantes détectent la présence d'eau et font pousser leurs racines vers elle. La tige et les feuilles des plantes poussent en direction du soleil ou de la lumière, celle d'une lampe par exemple.

Les tournesols se tournent vers le soleil. Tout au long du jour, la fleur suit le mouvement du soleil à travers le ciel.

Cellule d'une feuille

Les cellules sont les plus petits êtres vivants. On ne peut les voir qu'au microscope. Tous les êtres vivants sont constitués de cellules. Certains sont formés d'une seule cellule; d'autres en comptent des millions. Chaque cellule est entourée d'une membrane. Le noyau contrôle ce que fait la cellule. Chaque type de cellule accomplit un travail qui lui est propre. La cellule végétale représentée ici est celle d'une feuille. On y trouve des chloroplastes qui permettent à la plante de produire sa nourriture. La vacuole emmagasine la nourriture et s'agrandit à mesure que la plante absorbe de l'eau.

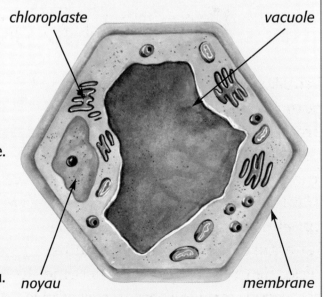

chloroplaste

vacuole

noyau

membrane

D'autres façons de se nourrir

Cet insecte s'est posé sur un droséra, et le voilà piégé. Le droséra se servira de ses sucs visqueux pour digérer l'insecte.

Bien que les plantes fabriquent leur propre nourriture, certaines se nourrissent également d'insectes, d'araignées et de petits mammifères comme des souris et des grenouilles. Ces mangeuses de viande sont des plantes carnivores. Elles se servent de leurs feuilles pour piéger et tuer leurs proies, c'est-à-dire les animaux qu'elles mangent. La plupart des plantes **carnivores** vivent dans les étangs ou les marais, où les substances nutritives sont insuffisantes. Elles doivent se nourrir de viande pour se procurer les substances nutritives qui leur manquent.

poils sensitifs

La feuille de la dionée est formée de deux battants sur chacun desquels poussent trois poils sensitifs. Lorsqu'un insecte se pose sur la feuille et fait bouger deux de ces trois poils, la feuille se referme subitement sur lui. Les deux moitiés s'emboîtent l'une dans l'autre et retiennent l'insecte – ou parfois une grenouille – prisonnier.

La dionée

La dionée pratique le **piégeage actif**. Elle attrape sa proie lorsque celle-ci touche les poils sensitifs de sa feuille. Quand la plante emprisonne sa proie, la feuille sécrète des sucs digestifs qui dissolvent les parties molles de l'animal, que la plante peut ainsi assimiler. Toutefois, ces sucs ne peuvent décomposer les parties dures comme les ailes ou les os.

Se nourrir des autres plantes

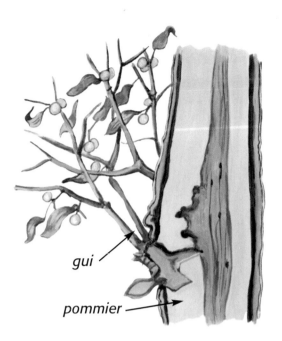

gui

pommier

Les plantes parasites survivent en tirant leur nourriture d'autres plantes. Elles se fixent à une plante **hôte** et lui volent sa nourriture et ses substances nutritives. Il arrive parfois que l'hôte meure quand une plante parasite se fixe à lui. La plupart des plantes parasites ont de petites feuilles qui contiennent peu de chlorophylle. Si elles n'ont pas suffisamment de chlorophylle, les plantes sont incapables de produire leur propre nourriture. Le gui est un hémiparasite : il plonge ses racines dans un pommier pour en tirer des substances nutritives, mais il a également des feuilles qui lui permettent de fabriquer sa propre nourriture.

Le banian, un figuier étrangleur

Le banian se sert d'un autre arbre comme support. D'une branche élevée de l'arbre hôte, les racines du banian poussent jusqu'au sol. Elles entourent l'arbre tuteur qui pourrit et dépérit. Le banian de l'illustration ci-dessous a provoqué la chute de son arbre tuteur sur un arbre voisin. Ses longues racines forment un rideau qui descend jusqu'au sol.

Un nouveau banian commence à pousser sur une haute branche d'un arbre hôte.

Le banian et son hôte tombent sur un arbre voisin.

Les racines vont jusqu'au sol, formant un rideau.

À partir d'une graine

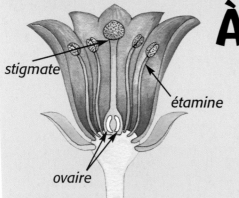

stigmate

étamine

ovaire

Malgré leurs différences de couleurs, de formes et de tailles, les fleurs ont toutes les mêmes parties. Leurs étamines et leurs stigmates interviennent dans la pollinisation et leur ovaire se transforme en fruit qui contient les graines.

Les fleurs sont belles à regarder, mais elles ont une fonction beaucoup plus importante que de plaire aux gens. Les fleurs sont conçues pour la pollinisation, qui constitue la première étape de la production de graines. La pollinisation se réalise lorsque le pollen des étamines d'une fleur atteint les stigmates d'une autre. Une fois qu'une fleur a été fécondée, ses pétales tombent. À l'intérieur de la fleur, l'ovaire grossit jusqu'à devenir le fruit. Le fruit contient les graines qui donneront naissance à une nouvelle plante.

Prendre racine

Une graine est une enveloppe qui contient le minuscule embryon d'une nouvelle plante. Elle contient aussi une réserve de nourriture que l'embryon assimilera au cours de sa croissance. Tous les embryons sont dotés d'une radicule qui poussera dans le sol et deviendra une racine. Lorsqu'une graine tombe dans un endroit où l'espace et l'eau lui suffisent, elle commence à **germer**, c'est-à-dire à se transformer en une nouvelle plante. Lorsque cette plante commence à avoir des feuilles, elle peut se servir de l'eau et de la lumière solaire pour fabriquer sa propre nourriture.

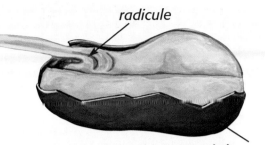

radicule

épisperme

La graine absorbe l'eau jusqu'à ce que son épisperme éclate; sa radicule s'enfonce alors dans le sol. Peu après, la première pousse sort de terre.

Le cycle de vie d'une plante à fleurs

Ces illustrations représentent quatre stades du cycle de vie d'une plante à fleurs. La cosse de ce haricot est son fruit, ses fèves en sont les graines.

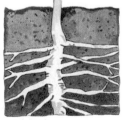

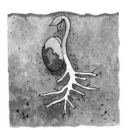

La graine éclate. La radicule s'enfonce et la tige se dresse.

La croissance de ses feuilles permet au jeune haricot de fabriquer sa propre nourriture.

Les insectes transportent le pollen d'autres haricots pour polliniser celui-ci.

Un fruit se forme autour des graines. Le fruit et les graines tombent sur le sol.

Un coup de pouce de la nature

Du pollen se dépose sur le museau de cette chauve-souris frugivore pendant qu'elle se régale de nectar. Une certaine quantité de ce pollen se déposera sur les autres fleurs qui recevront la visite de la chauve-souris.

Les plantes ne peuvent se déplacer : elles ont donc besoin d'aide pour disperser leur pollen ainsi que leurs graines. Certaines plantes s'en remettent au vent; d'autres dépendent d'animaux comme les insectes, les oiseaux, les chauves-souris, les souris et les limaces.

Mission séduction

Les animaux qui contribuent à la dispersion du pollen d'une plante à l'autre sont appelés *pollinisateurs*. Les fleurs attirent les pollinisateurs par les couleurs éclatantes de leurs pétales et leur parfum suave. Les plantes fabriquent un liquide, le nectar, dont les animaux se nourrissent. Le nectar se trouvant au centre de la fleur, les pollinisateurs se répandent du pollen sur tout le corps en cherchant à l'atteindre. Lorsqu'ils iront ensuite se nourrir du nectar d'autres fleurs semblables, ils transporteront ce pollen. Quand le pollen a atteint une autre fleur, le processus de pollinisation est réalisé.

Des semences voyageuses

Une graine doit être transportée au loin pour ne pas se trouver en concurrence avec les graines de sa propre espèce. Les graines qu'un oiseau ou un autre animal avale se retrouvent dans ses déjections et poussent ainsi dans un lieu différent de leur point d'origine. Les capitules aux bractées crochues de certaines graines s'accrochent au pelage des animaux. Lorsque les crochets des capitules s'abîment, les graines tombent au sol. Les graines de pissenlit sont emportées par la brise grâce à leurs « parachutes ». Les noix de coco tombées à la mer dérivent avant d'atteindre une terre où elles germeront.

Les capitules de bardane voyagent sur le museau de ce bison jusqu'à ce qu'ils tombent quelque part et prennent racine.

Les graines de laiteron sont garnies de poils blancs et soyeux, semblables à des parachutes, qui leur permettent d'être soulevées et emportées par le vent.

D'autres façons de pousser

La plupart des plantes se développent à partir de graines, mais beaucoup se reproduisent autrement. Certaines font pousser de nouvelles plantes à partir de leurs propres tiges. D'autres produisent des **bulbes** qui emmagasinent la nourriture et donnent de nouvelles plantes. D'autres encore produisent des spores qui deviendront des plantes.

Une nouvelle génération de fougères

Les fougères ne se développent pas à partir de graines et n'ont pas besoin du pollen des autres plantes. Elles produisent des spores sur la face inférieure de leurs frondes, ou feuilles. Une fois libérées, les spores deviennent de minuscules plantes appelées **prothalles**. Une nouvelle plante se développe à partir du prothalle dont elle tire sa nourriture jusqu'à ce qu'elle soit capable de fabriquer ses propres aliments. Le prothalle meurt alors et la nouvelle fougère étend ses feuilles.

Des bulbes

Certaines plantes comme la jonquille se développent à partir de bulbes qui stockent la nourriture. Un bulbe est un paquet de feuilles courtes et gonflées serrées autour d'une tige grasse. Par temps doux, des tiges et des fleurs en sortent. De nouveaux bulbes poussent à côté des anciens. Ils sont inactifs en hiver. Au printemps, les nouveaux bulbes deviennent des plantes.

nouveau bulbe

nouvelle fougère

sacs à spores, ou sporanges

spores

Des millions de spores se développent dans les minuscules sporanges, sur la face inférieure des frondes des fougères.

Les sporanges s'ouvrent et libèrent les spores, aussi fines que des grains de poussière.

Une spore devient un prothalle, à partir duquel une fougère prend forme. La petite crosse de fougère se déroule à mesure qu'elle grandit.

Pousser à partir d'une tige

Certaines plantes poussent à partir de tiges rampantes appelées *stolons*. Une petite pousse sort du stolon et tire sa nourriture de la plante mère jusqu'à ce qu'elle développe ses propres racines et sa propre tige. Elle devient alors une plante indépendante. Certaines tiges poussent juste sous la surface du sol. On les appelle des **rhizomes**.

*Les pommes de terre poussent à partir de petits renflements de racine appelés **tubercules**. Les tubercules sont semblables aux bulbes. Conservée dans un lieu humide et obscur, une pomme de terre produira des bourgeons.*

L'iris sort d'un épais rhizome sous la surface du sol.

Les fraisiers ont des stolons qui rampent à la surface du sol et produisent de nouveaux fraisiers bien plus vite que ne le feraient leurs graines en germant dans le sol.

Arbres et forêts

Les forêts boréales, forêts d'arbres à feuilles persistantes, se trouvent sous les climats froids. Les régions où alternent saisons chaudes et froides hébergent les forêts mixtes et les forêts d'arbres à feuilles caduques. Les forêts mixtes comprennent des arbres à feuilles persistantes et des arbres à feuilles caduques. Les forêts tropicales humides poussent là où le climat est chaud toute l'année. Bref, les arbres sont partout, sauf près des pôles.

Les conifères

Les arbres verts à feuilles persistantes gardent leur feuillage toute l'année. Ceux des climats froids, comme le sapin, l'épinette et le pin, sont appelés **conifères** parce qu'ils portent des cônes. Leurs feuilles, semblables à des aiguilles, sont couvertes d'une substance cireuse qui leur permet de conserver leur humidité.

Les arbres à feuilles persistantes des tropiques

Sous les tropiques, les arbres poussent tout au long de l'année. Ils sont très grands pour que leurs feuilles reçoivent assez de lumière pour la photosynthèse. Beaucoup d'arbres grandissent de plus de cinq mètres par année. Certaines plantes tropicales se servent des arbres pour survivre : les lianes grimpent en s'enroulant autour des arbres pour atteindre la lumière du soleil; d'autres poussent en haut des arbres et font pendre leurs racines qui absorbent l'humidité de l'air.

Les conifères produisent des graines dans des cônes. Leurs cônes ont des écailles dures qui protègent les nouvelles graines.

canopée ou couvert

sous-bois ou étage dominé

sol forestier ou couverture morte

Les forêts tropicales humides ont trois niveaux de végétation : la canopée, le sous-bois et le sol forestier.

Les arbres à feuilles caduques

Les arbres à feuilles caduques perdent leurs feuilles avant l'hiver. Durant l'été, l'arbre grandit et produit des feuilles, puis des fruits et enfin des graines. Durant l'hiver, il y a moins d'ensoleillement pour la photosynthèse et les racines ne peuvent puiser l'eau dans le sol gelé. C'est pourquoi les arbres perdent leurs feuilles en automne et passent à un état de dormance pour la durée de l'hiver. Ne pas avoir de feuilles leur permet alors de ne pas perdre leur humidité malgré le temps sec et froid.

En quoi les arbres sont importants

Les arbres sont d'une importance primordiale : ils fournissent nourriture et abri aux animaux, et libèrent de l'oxygène et de l'eau dans l'air. Ils contribuent aussi aux économies d'énergie : les immeubles qui reçoivent leur ombrage ont moins besoin de climatisation que les immeubles exposés aux rayons du soleil.

1. Avec l'arrivée du temps froid, une couche de liège se forme à la gaine du pétiole de chacune des feuilles.

liège

chlorophylle

2. La chlorophylle, qui donne à la feuille sa couleur verte, ne se renouvelle plus. Au fur et à mesure que la chlorophylle disparaît, la couleur rouge, jaune ou orange de la feuille apparaît.

3. Lorsque la feuille ne contient plus de chlorophylle, sa couleur de base apparaît.

4. Finalement, la feuille meurt et tombe sur le sol.

*Les racines protègent le sol de l'**érosion** en le maintenant en place et empêchent les inondations en absorbant les eaux de pluie.*

Les plantes et nous

Les plantes nous rendent de nombreux services. Nous nous en servons pour fabriquer des aliments comme la farine, le beurre d'arachide et le sucre. Le coton, le lin et la rayonne sont des étoffes que nous fabriquons en tissant des fibres végétales. Au nombre des produits que les êtres humains tirent des plantes, on compte les médicaments, le bois de construction, le caoutchouc et le papier.

Les fruits et les légumes

Nos fruits et nos légumes nous viennent directement des plantes. Le fruit est la partie d'une plante qui contient les nouvelles graines. Les tomates sont des fruits. Les autres parties des plantes que nous mangeons sont appelées légumes. Les carottes sont des racines, le brocoli est un bouquet de fleurs et les pois sont des graines.

Les médicaments qui servent à combattre le cancer, les maladies de cœur ou les infections sont tous fabriqués à partir de plantes. Des produits comme les dentifrices et les lotions d'hygiène buccale ont, eux aussi, des ingrédients extraits de plantes.

Les êtres humains et les animaux mangent toutes sortes de fruits. Les oranges sont une bonne source de vitamine C.

▲ On utilise les arbres pour fabriquer des mouchoirs, du carton ou du papier journal. Le papier est usiné en grands rouleaux. Le recyclage du papier permet de sauver des arbres.

Les vêtements que portent ces garçons sont faits à ▶ partir de fibres de cotonnier. La corde est faite à partir d'autres fibres végétales. Le pneu est en partie fabriqué avec de la sève d'hévéa.

Les gens aiment la beauté des plantes et des arbres. Une randonnée au milieu des plantes a de quoi revigorer !

Les plantes en péril

Les plantes subissent des dommages dans leurs habitats. On est en train de détruire les forêts, les prairies, les marécages et les océans. Lorsque des plantes sont détruites, les animaux qui en dépendent souffrent aussi.

Les océans

Les océans et les mers constituent le milieu de vie le plus important de la planète : on y trouve toutes sortes d'animaux, des plus grands aux plus petits. Les océans regorgent de minuscules organismes semblables à des plantes, qui fabriquent leur propre nourriture. Ils servent de nourriture à des millions de créatures marines. Les produits chimiques des usines et les égouts des villes mettent en péril toutes ces créatures. Lorsque des navires pétroliers déversent du pétrole dans l'océan, ils tuent à la fois des plantes et des animaux.

Les humains forent le fond des océans, à la recherche de pétrole. Des fuites ou des déversements provenant des appareils de forage en mer ou des navires-citernes qui transportent le pétrole font mourir de nombreux êtres vivants, y compris les plantes dont les animaux se nourrissent.

Les marécages

Des millions de plantes et d'animaux vivent dans les marécages. La pollution et les pesticides empoisonnent les régions marécageuses et les êtres humains assèchent ces zones pour y faire des cultures ou pour y construire des maisons. L'assèchement des terres humides fait mourir les plantes aquatiques. Les oiseaux migrateurs qui viennent dans les marécages pour se reposer perdent ainsi leur source de nourriture.

Les forêts

C'est dans les forêts que vit la moitié de toutes les espèces de plantes et d'animaux de la terre. Les forêts humides abritent de nombreuses espèces de plantes utilisées dans la fabrication des médicaments. Des gens abattent les arbres pour en utiliser le bois ou en faire du papier, ou encore pour dégager de nouvelles terres agricoles. De nombreuses forêts tropicales humides sont brûlées pour faire place à de grandes fermes d'élevage.

Les arbres et les plantes emmagasinent du carbone dans leurs troncs ou dans leurs tiges. Lorsque les forêts brûlent, du gaz carbonique est libéré dans l'atmosphère, provoquant une pollution de l'air. La pollution de l'air est nocive pour les humains et les animaux.

À la découverte des plantes

Combien de plantes peux-tu nommer ? Promène-toi dans la nature et écris le nom de chacune des plantes que tu vois. Dessine les plantes que tu ne peux nommer et cherche-les dans un livre de botanique. Fais les activités proposées dans ces pages pour en apprendre davantage sur les plantes.

Fais pousser la fane d'une carotte

La carotte est un légume qui fait des réserves d'énergie dans ses racines. Coupe les feuilles de la fane et les trois quarts inférieurs d'une carotte fraîchement arrachée. À l'aide de cure-dents, place ce bout de carotte au-dessus d'un verre d'eau, de façon que son extrémité inférieure touche l'eau. Grâce à l'énergie emmagasinée dans la racine, une nouvelle fane, c'est-à-dire des tiges et des feuilles, se développera.

Les plantes et la lumière

Que se passe-t-il si une plante n'a pas assez de lumière ? En te servant de trombones, fixe un morceau de papier à une feuille pour empêcher la lumière du soleil de l'atteindre. Place la plante dans un endroit ensoleillé. Au bout de quelques jours, enlève le papier. Comment est la partie de la feuille que le papier recouvrait ?

Les plantes et le gaz carbonique

Qu'arrive-t-il lorsqu'une plante n'a pas assez d'air ? Recouvre de vaseline la feuille d'une plante. La lumière solaire atteindra la feuille, mais l'air ne pourra y pénétrer. Observe l'aspect de cette feuille après quelques jours sans air.

Prends soin des arbres

Observe attentivement les arbres et les autres plantes dans un parc ou dans la cour de ton école. Examine les feuilles, les fleurs, les branches et les troncs des arbres. Quels types d'animaux habitent dans les arbres ? Les arbres portent-ils des marques de dommages provoqués par des tempêtes, des insectes, d'autres animaux ou des êtres humains ? Rédige un rapport sur ce que tu as découvert.

Une œuvre d'art

Choisis un arbre ou une plante à dessiner. Fais un croquis de toute la plante ou seulement d'une de ses parties, une fleur ou un cône par exemple. Reproduis le plus de détails possible.

Quel est mon âge?

Compte les anneaux de ce tronc pour le savoir !

Construis ton propre terrarium

Un terrarium est un récipient dans lequel des plantes sont conservées et observées. Sers-toi d'un aquarium ou d'un grand bocal pour faire un terrarium. D'abord, place une couche de terreau dans le fond. Ensuite, mets-y plusieurs types de plantes et dispose des cailloux et des branches. Choisis des petites plantes, par exemple des mousses ou des fougères, qui pousseront lentement. Tous les jours, vaporise de l'eau sur les plantes pour garder leurs feuilles humides.

Glossaire

algue   Organisme minuscule qui produit sa propre nourriture

bulbe   Paquet de feuilles très serrées, qui emmagasine de la nourriture pour une plante

carnivore   Qui mange de la viande

champignons   Ensemble des espèces qui, comme les moisissures et les carpophores, tirent leur nourriture d'êtres vivants ou morts

chlorophylle   Pigment vert des plantes permettant à celles-ci de fabriquer leur nourriture

conifère   Arbre qui garde ses feuilles toute l'année; arbre vert à feuilles persistantes

effet de serre   Fait que des gaz, tel le gaz carbonique, emprisonnent la chaleur dans l'atmosphère terrestre

érosion   Processus par lequel s'usent des éléments comme les rochers ou la terre

germer   Se développer à partir d'une graine, en parlant d'une plante

graine   Enveloppe produite par la plupart des plantes, à partir de laquelle une nouvelle plante peut pousser

hôte   Plante ou animal qui héberge un parasite

photosynthèse   Processus par lequel les plantes utilisent l'énergie du soleil pour transformer l'eau et le gaz carbonique en glucose et rejettent de l'oxygène

piégeage actif   Mouvement de la plante carnivore pour attraper sa proie

prothalle   Petite plante délicate qui se développe à partir d'une spore et qui peut produire une autre plante, une fougère par exemple

racine   Partie souterraine d'une plante, qui fixe celle-ci au sol et absorbe l'eau et les substances nutritives

rhizome   Tige végétale souterraine

spore   Minuscule cellule produite par les mousses et les fougères, et qui se développe pour donner une nouvelle plante

tige   Partie qui permet à la plante de tenir à la verticale, et qui relie les racines aux feuilles et aux fleurs

tubercule   Épaisse tige souterraine (racine, rhizome) d'où sortent de nouvelles plantes

Index